BEI GRIN MACHT SICH IHR WISSEN BEZAHLT

- Wir veröffentlichen Ihre Hausarbeit, Bachelor- und Masterarbeit

- Ihr eigenes eBook und Buch - weltweit in allen wichtigen Shops

- Verdienen Sie an jedem Verkauf

Jetzt bei www.GRIN.com hochladen und kostenlos publizieren

Impressum:

Copyright © 2014 GRIN Verlag, Open Publishing GmbH
Druck und Bindung: Books on Demand GmbH, Norderstedt Germany
ISBN: 9783668298187

Dieses Buch bei GRIN:

http://www.grin.com/de/e-book/339723/trainingsplanung-fuer-das-ausdauertraining-
diagnose-ausdauertestung-und

Nathalie Peter

Trainingsplanung für das Ausdauertraining. Diagnose, Ausdauertestung und Trainingsplanung für eine 24-jährige Studentin

GRIN Verlag

Deutsche Hochschule für

Prävention und Gesundheitsmanagement

Hermann Neuberger Sportschule 3

66123 Saarbrücken

Einsendeaufgabe

Fachmodul: Trainingslehre II

Studiengang: Bachelor of Arts „Fitnessökonomie"

Datum
Präsenzphase: 08.12. – 10.12.2014

Name, Vorname: Peter, Nathalie

Studienort: Stuttgart, 2. Klasse

Semester: WS 2013

Inhaltsverzeichnis

1 Diagnose

1.1 Allgemeine und biometrische Daten

Auf den folgenden Seiten wird ein individueller Trainingsplan für das Ausdauertraining für Frau P. erstellt und im Detail die einzelnen Vorgehensweisen begründet. Frau P. ist Trainingsbeginner und hat kaum Erfahrung im Bereich des Ausdauertrainings. Zu Beginn werden allgemeine und biometrische Daten von ihr erhoben.

Tab. 1: Allgemeine Daten der Testperson Nathalie P.

Name	Nathalie P.
Alter	24
Geschlecht	Weiblich
Berufliche Tätigkeit	Studentin (überwiegend sitzende Tätigkeit)
Körpergröße	160 cm
Körpergewicht	56 kg
Aktuelle sportliche Tätigkeit	**Sport:** - Karnevalistischer Tanzsport - Krafttraining **Leistungsstufe:** - Garde und Showtanz (seit 15 Jahren) - Fitnessstudio (seit einem Jahr) **Trainingsumfang:** - Training 1 Tag à 2 Stunden - Krafttraining 2 Tage à 1 Stunde (warm-up 10 min. Crosstrainer)
Frühere sportliche Aktivität	Sport: Schulsport Leistungsstufe: primär Leichtathletik, Handball, Volleyball und gymnastischer Tanz Trainingsumfang: 1 x Woche à 120 min

Trainingsmotive	- Ausgleich zur beruflichen Tätigkeit → Stressabbau durch mehr Bewegung - Fettverbrennung - Präventives Herz-Kreislauf-Training - Verbesserung der Fitness → Erhalt und Steigerung der Ausdauerleistungsfähigkeit
Zeitlicher Verfügungsrahmen	Die beabsichtigte Trainingshäufigkeit liegt bei 2-3 Trainingseinheiten pro Woche à 60 Minuten

Tab. 2: Biometrische Daten der Testperson Nathalie P.

Blutdruck (ermittelt mit Hilfe eines elektrischen Blutdruckmessgeräts zur Blutdruckmessung)	**Gemessener Wert:** 132/84 mmHg **Normwert:** 120/80 mmHg **Bewertung:** Ausschlaggebend ist bei der Zuordnung der schlechtere der beiden Werte. In diesem Fall ist der systolische Blutdruck „hochnormal" und der diastolische „normal". Somit ergibt sich für den gemessenen Blutdruck von 132/84 mmHg eine Einstufung als hochnormaler Blutdruck im Hinblick auf das Risiko an einer Herz-Kreislauf-Erkrankung zu erleiden (Israel und Fikenzer, 2013, Studienbrief der Deutschen Hochschule für Prävention und Gesundheitsmanagement – Medizinische Grundlagen, S. 173). → Vergleich Tab. 3
Tagespuls (ermittelt mit Cardioscan)	**Gemessener Wert:** 70 S/Minute **Normwerte:** 60-80 S/Minute **Bewertung:** Bei dem vorliegenden Wert handelt es sich um den Tagespuls.

	Bei Abzügen von 5-10 S/Minute kann der Ruhepuls geschätzt werden. Er liegt demnach bei ca. 60 S/Minute. Mit diesem Wert hat die Testperson den Ruhepuls eines Durchschnittsbürgers, der zwischen 50-60S/Minute liegt (Israel und Fikenzer, 2013, Studienbrief der Deutschen Hochschule und Prävention für Gesundheitsmanagement – Medizinische Grundlagen, S. 150-151).
Body-Mass-Index (ermittelt mit BIA, Anmerkung: Die Analyse des BMIs wird in der Forschung kontrovers diskutiert, kann jedoch für einen umfangreichen Einblick in den allgemeinen Gesundheitszustand durchaus von Nutzen sein, wenn man ihn mit verschiedenen Parametern, wie Blutdruckmessung und Körperfettanalyse kombiniert darstellt).	**Gemessener Wert:** 21,875 kg/m^2 **Normwert:** $18,5 \leq BMI < 25$ **Bewertung:** Der errechnete Wert wird nach der Klassifikation der Einordnung der Weltgesundheitsorganisation WHO als normal eingestuft. (Luppa, 2014, Studienbrief der Deutschen Hochschule für Prävention und Gesundheitsmanagement – Ernährung 1, S. 173). ➔ Vergleich Tab. 4
Körperfettanteil (ermittelt mit BIA)	**Gemessener Wert:** 26% **Normwert:** 21 – 32,9% **Bewertung:** Im Durchschnitt ist ein Körperfettanteil bei Frauen zwischen 20-30% wünschenswert. Nach der Interpretation von HD McCarthy et al veröffentlicht im International Journal of Obesity im Jahr 2006, und nach Gallagher, veröffentlicht im American Journal of Clinical Nutrition im September 2000, liegt die Kundin im normalen Bereich, sollte allerdings deutlich gesenkt werden. (Luppa, 2014, Studienbrief der Deutschen Hochschule für Prävention und Gesundheitsmanagement – Ernährung 1, S. 170).

	→ Vergleich Tab. 5
THQ	**Taillenumfang in cm:** 87 cm **Hüftumfang in cm:** 101 cm **Gemessener Wert:** 0,86 **Normwert:** Liegt der Quotient aus den beiden Werten über 0,85, spricht man von einer apfelförmigen Körperfettverteilung. Liegt der Wert unterhalb der genannten Grenze, kennzeichnet dies eine birnenförmige Körperfettverteilung. **Bewertung:** 0,86 > 0,85 → androide Körperfettverteilung (bis zu dreifach erhöhtes Risiko an Herz-Kreislauf-Erkrankungen zu erleiden) (Luppa, 2014, Studienbrief der Deutschen Hochschule und Prävention für Gesundheitsmanagement – Ernährung 1, S. 228-229).
Orthopädische Einschränkungen	Nein
Internistische Gesundheitsprobleme	Nein
Einnahme von Medikamenten	Nein
Derzeitig in ärztlicher Behandlung	Nein
Raucher	Nein

Tab. 3: Blutdruckklassifikation der American Heart Association

Wertung	Systolischer Blutdruck	Diastolischer Blutdruck
Normblutdruck (Normotonie)		
optimal	unter 120 mmHg	unter 80 mmHg
normal	unter 130 mmHg	unter 85 mmHg
hochnormal	130-139 mmHg	85-89 mmHg
Bluthochdruck (arterielle Hypertonie)		
Stufe 1	140-159 mmHg	90-99 mmHg
Stufe 2	160-179 mmHg	100-109 mmHg
Stufe 3	> 180 mmHg	> 110 mmHg

Tab. 4: Interpretation der BMI-Ergebnisse

Klasse	BMI (kg/m^2)
Untergewicht	< 18,5
Normalgewicht	18,5-24,9
Übergewicht	25,0-29,9
Adipositas Grad I	30,0-34,9
Adipositas Grad II	35,0-39,9
Adipositas Grad III	> 40

Tab. 5: Interpretation der Ergebnisse für den Körperfettanteil (in %)

Alter (Jahre)	KFA Frauen				KFA Männer			
	niedrig	normal	hoch	sehr hoch	niedrig	normal	hoch	sehr hoch
20-39	< 21 %	21-33 %	33-39 %	≥ 39 %	< 8 %	8-20 %	20-25 %	≥ 25 %
40-59	< 23 %	23-34 %	34-40 %	≥ 40 %	< 11 %	11-22 %	22-28 %	≥ 28 %
60-79	< 24 %	24-36 %	36-42 %	≥ 42 %	< 13 %	13-25 %	25-30 %	≥ 30 %

Auf der Basis der erfassten Daten lässt sich ableiten, dass die Probandin eine gute Trainierbar- und Belastbarkeit im Hinblick auf das Alter und des allgemeinen Gesundheitszustandes aufweist.

Da bisher außer dem gelegentlichen Joggen kein Ausdauertraining über einen längeren Zeitraum stattgefunden hat, wird Frau P. als Trainingsbeginner eingestuft.

2 Leistungsdiagnostik/Ausdauertestung

Im Folgenden wird für Frau P. ein geeigneter Ausdauertest ausgewählt. Dieser wird durchgeführt und im Anschluss im Detail bewertet.

2.1 Begründung Ausdauertestung

Wie in Tab. 1 dargestellt, ist Frau P. weiblich, 24 Jahre alt, 160 cm groß, 56 kg schwer, ihr Körperfettanteil liegt bei 26%, der BMI bei 21,875 kg/m^2 und hat einen Ruhepuls von 60 S/min. Da Frau P. in den letzten Jahren nur gelegentlich gejoggt ist und sonst keinen direkten Ausdauersport betreibt wird der IPN-Fahrradergometer-Ausdauertest (kurz IPN-Test®) zur Beurteilung der cardiopulmonalen Leistungsfähigkeit herangezogen. Die Vorteile sind hierbei, dass die Belastung jederzeit reproduzierbar und exakt dosierbar ist und dass der Bewegungsablauf des Radfahrens eine sehr geringe koordinative Anforderung an die Testperson stellt und somit für alle Personengruppen geeignet ist. Des Weiteren existieren diesbezüglich wissenschaftliche abgesicherte Normwerttabellen zum individuellen Leistungsvergleich und gute Ableitungsmöglichkeiten der Herzfrequenz.

Um aussagekräftige Ergebnisse bezüglich der Ausdauerleistung zu erhalten, muss das Testverfahren unter standardisierten Bedingungen erfolgen, d.h. der Test muss exakt dosierbar und jederzeit reproduzierbar sein (Reiß und Eifler, 2014, Studienbrief der Deutschen Hochschule für Prävention und Gesundheitsmanagement – Trainingslehre 2 – Gesundheitsorientiertes Ausdauertraining, S. 57-63).

2.2 Ausführung des IPN-Test®

Der Ergometer-Test wird anhand individueller Angaben (Alter, Geschlecht, Gewicht, Trainingshäufigkeit und Ruheherzfrequenz) und auf der Grundlage des individuellen Testziels/Abbruchkriteriums (aerobe Kapazität) durchgeführt. Gemessen wird die dabei aerob erreichte Leistung in Watt pro Kilogramm Körpergewicht, ohne dass dabei eine Ausbelastung erforderlich wird. Die gemessene aerobe Leistungsfähigkeit wird mit einer alters-/geschlechtsspezifischen Norm-Soll-Leistungstabelle verglichen. Diese Bewertung kann als Grundlage für die Festlegung der Trainingsherzfrequenzen für das jeweilige aerobe Ausdauertraining bzw. das Fettstoffwechseltraining herangezogen werden (Reiß und Eifler, 2014, Studienbrief der Deutschen Hochschule für Prävention und Gesundheitsmanagement – Trainingslehre 2 – Gesundheitsorientiertes Ausdauertraining, S. 67).

Bevor der Trainer mit dem Kunden den Test beginnen kann, muss er eine Voreinstufung, anhand der Ergebnisse der Eingangsbefragung (ausdauerrelevante Aktivitäten, derzeitiger Fitnesszustand etc.) sowie unter Berücksichtigung des Lebensalters, des Geschlechts und der Ruheherzfrequenz, hinsichtlich der Belastbarkeit vornehmen. (Reiß und Eifler, 2014, Studienbrief der Deutschen Hochschule für Prävention und Gesundheitsmanagement – Trainingslehre 2 – Gesundheitsorientiertes Ausdauertraining, S. 68).

2.2.1 Voreinstufung

Wie bereits erörtert ist Frau P. weiblich, 24 Jahre alt, wiegt 56 kg, 160 cm groß, hat einen Ruhepuls von 60 S/min und betreibt seit Jahren nur sporadisch Ausdauertraining von höchstens einmal die Woche. Mit Hilfe dieser Parameter wird für Frau P. anhand der Tab.6 und Tab.7 die individuelle Zielherzfrequenz (=Abbruchkriterium) für den Ergometertest bestimmt.

Tab. 6: Voreinstufung nach Ruheherzfrequenz und Lebensalter

Alter/ Hf_{Ruhe}	< 20	20-29	30-39	40-49	50-59	60-69	> 70
< 50 S/min	140 S/min	135 S/min	130 S/min	125 S/min	115 S/min	110 S/min	105 S/min
50-59 S/min	145 S/min	140 S/min	135 S/min	125 S/min	120 S/min	115 S/min	110 S/min
60-69 S/min	145 S/min	145 S/min	135 S/min	130 S/min	125 S/min	120 S/min	115 S/min
70-79 S/min	150 S/min	145 S/min	140 S/min	135 S/min	130 S/min	125 S/min	120 S/min
80-89 S/min	155 S/min	150 S/min	145 S/min	140 S/min	135 S/min	125 S/min	125 S/min
> 90 S/min	160 S/min	155 S/min	150 S/min	145 S/min	135 S/min	130 S/min	125 S/min

Tab.7: Voreinstufung unter zusätzlicher Berücksichtigung der Trainingshäufigkeit ausdauerrelevanter Aktivitäten

Trainingszustand	Trainingshäufigkeit/ Woche	Stunden/ Woche	Pulsaufschlag
kein Ausdauertraining	kein einziges Mal	0 Stunden	kein Aufschlag
wenig Ausdauertraining	1-2-mal	≤ 1 Stunde	kein Aufschlag
moderates Ausdauertraining	2-3-mal	1-2 Stunden	plus 5 S/min
viel Ausdauertraining	3-4-mal	2-4 Stunden	plus 10 S/min
sehr viel Ausdauertraining	> 4-mal	> 4 Stunden	plus 15 S/min

Für Frau P. ergibt sich nach den beiden Tabellen die Zielherzfrequenz für den IPN-Test®, die gleichzeitig auch als Abbruchkriterium dient, von 145 S/min.

Nach der ersten Voreinstufung wird nun das entsprechende Belastungsschema für den Ergometertest ausgewählt (Reiß und Eifler, 2014, Studienbrief der Deutschen Hochschule für Prävention und Gesundheitsmanagement – Trainingslehre 2 – Gesundheitsorientiertes Ausdauertraining, S. 69-70).

2.2.2 Auswahl des richtigen Belastungsschemas (WHO vs. H & V)

Als Orientierung kann hier gelten, dass die definierte Zielherzfrequenz nach Möglichkeit nicht vor bzw. im Bereich der vierten Belastungsstufe erreicht wird. Das bedeutet, dass ein ausreichend langer Belastungszeitraum von ca. 12-15 Minuten notwendig ist, um die sukzessive Stoffwechselveränderung von aerob in Richtung des aerob-anaeroben Übergangsbereichs zu ermöglichen. Da Frau P. noch nie konstant über einen längeren Zeitraum Ausdauertraining betrieben hat, kommt für sie das Belastungsschema der WHO zur Anwendung. Das Belastungsschema nach Hollmann und Venrath (H & V) kommt nur für Personen in Frage, denen per Voreinstufung eine Belastbarkeit von mindestens 150 Watt (4 Belastungsstufen) zugemessen wird (Reiß und Eifler, 2014, Studienbrief der Deutschen Hochschule für Prävention und Gesundheitsmanagement – Trainingslehre 2 – Gesundheitsorientiertes Ausdauertraining, S. 70).

2.3 Der WHO-Test

Der WHO-Test gründet auf dem Standardtestschema der Weltgesundheitsorganisation (WHO) und wurde zur Analyse der Herz-Kreislauf-Leistungsfähigkeit von leistungsschwächeren Personen entwickelt. Dabei handelt es sich um einen Stufentest, bei dem die Belastungsintensität kontinuierlich gesteigert wird. Wesentliche standardisierte Kenngrößen eines stufenförmigen Belastungsschemas sind die Eingangsbelastung, die Belastungssteigerung, die Stufendauer, die Trittfrequenz und die Abbruchgrenze bzw. Pulsobergrenze (Reiß und Eifler, 2014, Studienbrief der Deutschen Hochschule für Prävention und Gesundheitsmanagement – Trainingslehre 2 – Gesundheitsorientiertes Ausdauertraining, S. 70-71).

Tab. 8: Der WHO-Test von Frau P. im Überblick

Testgerät	Fahrradergometertest
Belastungsart	Submaximale Belastung, Stufentest
Belastungsprotokoll	- Eingangsbelastung; 25 Watt - Belastungssteigerung: 25 Watt - Stufendauer: 2 Minuten - Trittfrequenz: ca. 60-80 U/min - Abbruchgrenze: 145 S/min
Testgröße	Wattzahl der zuletzt durchgeführten Belastungsstufe bei Erreichen der definierten Pulsobergrenze bzw. Zeitinterpolation, wenn die Pulsobergrenze vor dem Ende der entsprechenden Belastungsstufe erreicht wird
Normbewertung	Relative Soll-Watt-Leistung – Watt pro kg Körpergewicht

Zu Beginn wurde der Probandin der Testverlauf eingehend erklärt und weiterhin auf die Abbruchkriterien beim Testverlauf ausreichend hingewiesen. Anschließend wurde ihr ein Pulsgurt umgelegt und der Test konnte starten. Die Pulsuhr wurde vom durchführenden Trainer behalten, sodass die Probandin keine Einsicht auf ihre Herzfrequenz hatte.

Tab. 9: Testprotokoll von Frau P.

Zeit	Watt	Puls
Ausgang	--	84
2 Minuten	25	96
4 Minuten	50	107
6 Minuten	75	119
8 Minuten	100	132
10 Minuten	125	146

In Tab.9 ist der Testverlauf von Frau P. tabellarisch aufgeführt. Sie hat insgesamt vier Belastungsstufen vollständig durchfahren (bis einschließlich 100 Watt).

Auf der fünften Belastungsstufe (125 Watt) hat sie nach einer Minute (9 Testminute) die definierte Pulsobergrenze (nach IPN) von 145 S/min erreicht. Nach der zehnten Minute wurde der Test bei 125 Watt und einem Puls von 146 S/min beendet. Frau Ps Gesamtleistung liegt demnach bei 112,5 Watt (Zeitinterpoliert: Nach neun Minuten bzw. vier Stufen hat Frau P. insgesamt 100 Watt erreicht; die fünfte Stufe wurde nur zur Hälfte durchfahren, daher 25 Watt : 2 = 12,5 Watt + 100 Watt = 112,5 Watt). Daraus errechnet sich eine auf das Körpergewicht bezogene relative Wattleistung von 2,0 Watt/kg Körpergewicht (112,5 : 56 kg).

2.4 Bewertung der Testergebnisse

Vergleicht man die erbrachte Leistung mit den Vorgaben aus der Norm-Soll-Leistungstabelle (Tab. 10) für eine 24-jährige weibliche Person, so ergibt sich für Frau P. eine durchschnittliche Ausdauerleistungsfähigkeit.

Tab. 10.: Normtabelle für submaximale Radergometertests – Relative Watt-Soll-Leistung (Watt pro kg) bei Frauen

Alter Intensität	< 30	30-34	35-39	40-44	45-49	50-54	55-59	> 60	Bewertung
0,50	1,15	1,09	1,04	0,98	0,92	0,86	0,81	0,75	☺☺
0,51	1,2	1,14	1,08	1,02	0,96	0,90	0,84	0,78	☺☺
0,52	1,25	1,19	1,13	1,06	1,00	0,94	0,88	0,81	☺☺
0,53	1,3	1,24	1,17	1,11	1,04	0,98	0,91	0,85	☺☺
0,54	1,35	1,28	1,22	1,15	1,08	1,01	0,95	0,88	☺☺
0,55	1,40	1,33	1,26	1,19	1,12	1,05	0,98	0,91	☺
0,56	1,45	1,38	1,31	1,23	1,16	1,09	1,02	0,94	☺
0,57	1,50	1,43	1,35	1,28	1,20	1,13	1,05	0,98	☺
0,58	1,55	1,47	1,40	1,32	1,24	1,16	1,09	1,01	☺
0,59	1,60	1,52	1,44	1,36	1,28	1,20	1,12	1,04	☺
0,6	1,70	1,62	1,53	1,45	1,36	1,28	1,19	1,11	∅
0,61	1,80	1,71	1,62	1,53	1,44	1,35	1,26	1,17	∅
0,62	2,00	1,90	1,80	1,70	1,60	1,50	1,40	1,30	∅
0,63	2,10	2,00	1,89	1,79	1,68	1,58	1,47	1,37	☺
0,64	2,30	2,19	2,07	1,96	1,84	1,73	1,61	1,50	☺
0,65	2,40	2,28	2,16	2,04	1,92	1,80	1,68	1,56	☺
0,66	2,60	2,47	2,34	2,21	2,08	1,95	1,82	1,69	☺☺
0,67	2,80	2,66	2,52	2,38	2,24	2,10	1,96	1,82	☺☺
0,68	3,00	2,85	2,70	2,55	2,40	2,25	2,10	1,95	☺☺
0,69	3,20	3,04	2,88	2,72	2,56	2,40	2,24	2,08	☺☺
0,70	3,40	3,23	3,06	2,89	2,72	2,55	2,38	2,21	☺☺

∅ = Normwerte für eine untrainierte Person nach der Zweidrittel-Leistung (Zweidrittel der zu erbringenden relativen Watt-Soll-Leistung des Vita-Maxima-Tests)

Intensität = Intensitätsfaktor zur Berechnung der empfohlenen Trainingsherzfrequenz

Die Norm-Leistungstabelle ermöglicht zunächst eine Beurteilung des Trainingszustandes hinsichtlich der allgemeinen aeroben Ausdauerleistungsfähigkeit einer Person im Vergleich zu anderen Personen. Es handelt sich hierbei also um einen interindividuellen Leistungsvergleich. Dabei wird vergleichen, ob die Testperson besser, schlechter oder genauso gut wie Personen des gleichen Alters, des gleichen Geschlechts und der gleichen Leistungsstufe sind. Frau P. sollte bei diesem Test altersgemäß und auf Grund ihrer alltäglichen Belastung im Stande sein, eine Leistung von 2,40 Watt/kg Körpergewicht als Ausdruck der maximalen Leistungsfähigkeit des Herz-Kreislauf-Systems zu erreichen. Das Ergebnis veranschaulicht, dass die Testperson mit 2,0 Watt/kg Körpergewicht unter diesem Wert liegt. Da die aerobe Kapazität bei ca. Zweidrittel dieser Maximalleistung für eine normal leistungsfähige Person ermessen werden kann, gilt die Zweidrittel Leistung als Richtwert für die Beurteilung des Leistungsvermögens beim Ausdauersport. Der Wert von Frau P. (Ø) repräsentiert dabei das durchschnittliche Leistungsvermögen nach dieser Zweidrittel-Bewertung (Reiß und Eifler, 2014, Studienbrief der Deutschen Hochschule für Prävention und Gesundheitsmanagement – Trainingslehre 2 – Gesundheitsorientiertes Ausdauertraining, S. 76-77).

2.5   Gesundheits- und Leistungsstatus der Testperson

Bei Frau P. handelt es sich um eine durchschnittliche, jedoch nah am Bereich einer unzureichenden Ausdauerleistungsfähigkeit. Dieses Ergebnis spiegelt die erhobenen Daten aus der Erstanamnese wieder. Die erhobenen Parameter, wie Blutdruck (132/84 mmHg) und Tagespuls bzw. geschätzter Ruhepuls (Tagespuls von 70 S/Minute bzw. geschätzter Ruhepuls von 60 S/Minute) die Testperson als Durchschnittsperson mit Werten im „hochnormalen" bis „normalen" Bereich ein.

3 Zielsetzung/Prognose

Im weiteren Verlauf werden drei Ziele für Frau P. festgelegt, welche sich auf die oben genannten Diagnosedaten beziehen.

3.1 Ziel 1: Absenkung des Blutdrucks

Senkung des Blutdrucks von 10-15 mmHg systolisch und 5-10 mmHg diastolisch in einem Zeitraum von 12 Wochen.

3.2 Ziel 2: Absenkung des Körperfettanteils

Senkung des Köperfettanteils um 2 kg in acht Wochen.

3.3 Ziel 3: Absenkung der Ruheherzfrequenz

Senkung der Ruheherzfrequenz um 1/2 S/Minute pro Woche

Die mit der Kundin erarbeiteten Zielsetzungen spiegeln die anfänglich dargelegten Trainingsmotive wieder und wurden nach Inhalt, Ausmaß und Zeit konkretisiert. Die Kundin möchte eine Verbesserung der Fitness, genauer gesagt einen Aufbau, Erhalt und eine Steigerung der Ausdauerleistungsfähigkeit, einhergehend mit einer Fettverbrennung und einem präventiven Herz-Kreislauf-Training.

Anhand der Anamnesedaten kann man sehen, dass die Kundin gerade im Bereich des Blutdrucks und des Körperfetts eine deutliche Verbesserung benötigt. Durch ein gezieltes Ausdauertraining können diese Parameter, speziell Blutdruck, Körperfettanteil und Ruhepuls, deutlich verbessert werden.

4 Trainingsplanung Mesozyklus

Im Folgenden wird für Frau P. ein Trainingsplan für das Ausdauertraining in Form eines 6-wöchigen Mesozyklus erstellt.

4.1 Grobplanung Mesozyklus

Tab. 11: Grobplanung eines Mesozyklus für Frau P.

Mesozyklus	
Dauer	6 Wochen
Trainingsziel	- Regelmäßiges Training - Aufbau Grundlagenausdauer - Stabilisierung der Grundlagenausdauer - Herz-Kreislauf-Training (Anfänger)
Gesamttrainingsumfang pro Woche	130 min pro Woche
Trainingsmethoden	Extensive Dauermethode
Belastungsintensität	- Regeneration: 50% Hf_{max} - Aufbau: 60% Hf_{max}
Trainingshäufigkeit pro Woche	2 x pro Woche (1-3 Woche) 3x pro Woche (3-6 Woche)
Dauer pro Trainingseinheit	20-30 min (regenerativ) 30-50 min (extensiv)
Trainingsgeräte	- Fahrrad - Crosstrainer

4.2   Detailplanung Mesozyklus

Tab. 12: Detailplanung Mesozyklus 1 Woche

Woche 1	Montag	Donnerstag
Trainingsziel	Aufbau der Grundlagenausdauer und Herz-Kreislauf-Training	Aktive Unterstützung der Regeneration
Trainingsmethode	Extensive Dauermethode	Extensive Dauermethode
Trainingsintensität	60% Hf$_{max}$	50% Hf$_{max}$
Trainingsherzfrequenz	148,4 S/Min	148,4 S/Min
Trainingsdauer	30 min	20 min
Trainingsgerät	Fahrrad	Fahrrad

Tab. 13: Detailplanung Mesozyklus 2 Woche

Woche 2	Montag	Donnerstag
Trainingsziel	Aufbau der Grundlagenausdauer und Herz-Kreislauf-Training	Aufbau der Grundlagenausdauer und Herz-Kreislauf-Training
Trainingsmethode	Extensive Dauermethode	Extensive Dauermethode
Trainingsintensität	60% Hf$_{max}$	60% Hf$_{max}$
Trainingsherzfrequenz	148,4 S/Min	148,4 S/Min
Trainingsdauer	30 min	30 min
Trainingsgerät	Fahrrad	Fahrrad

Tab. 14: Detailplanung Mesozyklus 3 Woche

Woche 3	Montag	Donnerstag
Trainingsziel	Aufbau der Grundlagenausdauer und Herz-Kreislauf-Training	Aufbau der Grundlagenausdauer und Herz-Kreislauf-Training
Trainingsmethode	Extensive Dauermethode	Extensive Dauermethode
Trainingsintensität	60% Hf$_{max}$	60% Hf$_{max}$
Trainingsherzfrequenz	148,4 S/Min	148,4 S/Min
Trainingsdauer	30 min	30 min
Trainingsgerät	Fahrrad	Crosstrainer

Tab. 15: Detailplanung Mesozyklus 4 Woche

Woche 4	Montag	Mittwoch	Freitag
Trainingsziel	Aufbau der Grundlagenausdauer (GA1)	Aktive Unterstützung der Regeneration	Aufbau der Grundlagenausdauer und Herz-Kreislauf-Training
Trainingsmethode	Extensive Dauermethode	Extensive Dauermethode	Extensive Dauermethode
Trainingsintensität	60% Hf$_{max}$	50% Hf$_{max}$	60% Hf$_{max}$
Trainingsherzfrequenz	148,4 S/Min	138,1 S/Min	148,4 S/Min
Trainingsdauer	30 min	20 min	30 min
Trainingsgerät	Fahrrad	Crosstrainer	Fahrrad

Tab. 16: Detailplanung Mesozyklus 5 Woche

Woche 5	Montag	Mittwoch	Freitag
Trainingsziel	Aufbau und Stabilisierung der Grundlagenausdauer und Herz-Kreislauf-Training	Aufbau und Stabilisierung der Grundlagenausdauer und Herz-Kreislauf-Training	Aufbau und Stabilisierung der Grundlagenausdauer und Herz-Kreislauf-Training
Trainingsmethode	Extensive Dauermethode	Extensive Dauermethode	Extensive Dauermethode
Trainingsintensität	60% Hf$_{max}$	50% Hf$_{max}$	60% Hf$_{max}$
Trainingsherzfrequenz	148,4 S/Min	138,1 S/Min	148,4 S/Min
Trainingsdauer	35 min	25 min	35 min
Trainingsgerät	Fahrrad	Crosstrainer	Fahrrad

Tab. 17: Detailplanung Mesozyklus 6 Woche

Woche 6	Montag	Mittwoch	Freitag
Trainingsziel	Aufbau und Stabilisierung der Grundlagenausdauer und Herz-Kreislauf-Training	Aktive Unterstützung der Regeneration	Aufbau und Stabilisierung der Grundlagenausdauer und Herz-Kreislauf-Training
Trainingsmethode	Extensive Dauermethode	Extensive Dauermethode	Extensive Dauermethode
Trainingsintensität	60% Hf$_{max}$	50% Hf$_{max}$	60% Hf$_{max}$
Trainingsherzfrequenz	159,4 S/Min	145,2 S/Min	155,2 S/Min
Trainingsdauer	40 min	30 min	40 min
Trainingsgerät	Crosstrainer	Crosstrainer	Fahrrad

Zusätzlich ist zu sagen, dass die Trainingsherzfrequenz mit Hilfe der IPN-Formel berechnet worden ist. Diese Formel zeichnet sich aus hinsichtlich der Ausgangsbasis zur Berechnung der maximalen Herzfrequenz für die verschiedenen Ausdauergeräte und Bewegungsformen, sowie durch die Möglichkeit einer direkten Ableitung von Trainingsintensitäten.

Für die Probandin wurden zwei Trainingsherzfrequenzen berechnet. Einerseits für das Fahrrad und andererseits für den Crosstrainer. (Reiß und Eifler, 2014, Studienbrief der Deutschen Hochschule für Prävention und Gesundheitsmanagement - – Trainingslehre 2 – Gesundheitsorientiertes Ausdauertraining, S. 143).

Berechnung der Trainingsherzfrequenz nach IPN: Fahrrad- und Ruderergometer

$Thf = [(220 - LA) - Hf_{Ruhe}] \times BF + Hf_{Ruhe}$

Tab. 18. Trainingsherzfrequenzen von Frau P. für das Fahrrad – und Ruderergometer (eigene Darstellung)

Ausdauergerät: Fahrrad	Hf_{max}: 176 S/Min	Hf_{Ruhe}: 60S/Min
Intensität		Trainingsherzfrequenz nach IPN
50%		128 S/Min
55%		134,8 S/Min
60%		141,6 S/Min
65%		148,4 S/Min
70%		155,2 S/Min
75%		162 S/Min
80%		168,8 S/Min
85%		175,6 S/Min
90%		182,4 S/Min
95%		189,2 S/Min
100%		196 S/Min

Berechnung der Trainingsherzfrequenz nach IPN: Laufen, Walken, Stepper, Crosstrainer

$Thf = [(220 - \frac{3}{4} LA) - Hf_{Ruhe}] \times BF + Hf_{Ruhe}$

Mit dieser Formel wird aufgrund der höheren Muskelbeteiligung und des geringeren muskulären Krafteinsatzes beim Laufen im Gegensatz zum Fahrrad die maximale Herzfrequenz mit 220 – ¾ Lebensalter berechnet (Reiß und Eifler, 2014, Studienbrief der Deutschen Hochschule für Prävention und Gesundheitsmanagement – Trainingslehre 2 – Gesundheitsorientiertes Ausdauertraining, S. 143-144).

Tab. 19. Trainingsherzfrequenzen von Frau P. für den Crosstrainer

Ausdauergerät: Crosstrainer	Hf$_{max}$: 176 S/Min	Hf$_{Ruhe}$: 60S/Min
Intensität		Trainingsherzfrequenz nach KARVONEN
50%		131 S/Min
55%		138,1 S/Min
60%		145,2 S/Min
65%		152,3 S/Min
70%		159,4 S/Min
75%		166,5 S/Min
80%		173,6 S/Min
85%		180,7 S/Min
90%		187,8 S/Min
95%		194,9 S/Min
100%		202 S/Min

4.3 Begründung zum Mesozyklus

Abschließend wird der Aufbau des Mesozyklus in Abhängigkeit von der Zielsetzung, dem Gesundheits – und Leistungszustand der Probandin begründet.

4.3.1 Begründung zum angestrebten wöchentlichen Belastungsumfang

Die Probandin trainiert in den ersten drei Wochen zweimal die Woche und dann dreimal die Woche. Die Möglichkeit der Erhöhung der Trainingshäufigkeit ist natürlich auch immer von dem zeitlichen Verfügungsrahmen und der Zielsetzung der Probandin abhängig. Als Richtwert kann hier die minimale Trainingshäufigkeit von 1-2 Tagen pro Woche, welche im Laufe der Zeit sukzessive auf 2-3, besser noch 3-4 Trainingseinheiten pro Woche gesteigert werden sollte. Die Dauer der einzelnen Trainingseinheiten liegt für die sechs Wochen zwischen 30 bis 45 Minuten (extensiv) und 20-30 Minuten (regenerativ). Zusätzlich macht Frau P. neben dem Ausdauertraining auch noch zweimal die Woche Krafttraining à 60 Minuten. Aufgrund der eher unterdurchschnittlichen Ausdauerleistungsfähigkeit liegt die Belastungsdauer für Beginner bei sehr kurzen Zeiteinheiten. Für das Training nach der extensiven Dauermethode bei einer Belastungsintensität von ca. 60-65% Hf$_{max}$ sollte für Anfänger nicht länger als eine halbe Stunde eingeplant werden, da sie sonst schnell in das Übertraining gelangen.

Die zeitliche Dauer einer Trainingseinheit ist allerdings auch noch von dem angestrebten Trainingsziel abhängig. Das oberste Ziel der Trainingsplanung ist es demnach, das Leistungsniveau der Person aufzubauen und im Laufe der Zeit weiterzuentwickeln. Erst wenn die Kundin in der Lage ist, pro Woche ca. 2-3 Trainingseinheiten von 45-60-minütiger Dauer nach der extensiven Dauermethode zu absolvieren, sollte die Belastungsintensität schrittweise erhöht werden. Eine Erhöhung der Belastungsdauer (in min) von etwa 10% (maximal 15%) pro Woche kann als grober Orientierung im Sinne der progressiven Belastungssteigerung herangezogen werden. (Reiß und Eifler, 2014, Studienbrief der Deutschen Hochschule für Prävention und Gesundheitsmanagement – Trainingslehre 2 – Gesundheitsorientiertes Ausdauertraining, S. 189-190).

4.3.2 Begründung zu den ausgewählten Trainingsmethoden

Um die Ausdauerleistungsfähigkeit zu verbessern, stehen dem Fitness- und Gesundheitssportler zahlreiche Trainingsmethoden zur Verfügung, die sich durch eine unterschiedliche Gestaltung der Belastungskomponenten Belastungsintensität, - dauer, -umfang und –dichte, auszeichnen. Primär hängt die richtige Auswahl von der jeweiligen Zielsetzung und Leistungsfähigkeit des Kunden ab. Bei Frau P. wird in den ersten 6 Wochen die extensive Dauermethode angewendet. Die Dauermethode gilt als Basismethode für ein sinnvoll geplantes Ausdauertraining und ist für Anfänger optimal geeignet. Kennzeichnend ist hierbei eine ununterbrochene trainingswirksame Belastung über einen längeren Zeitraum, mit geringer Belastungsintensität in Verbindung mit einem großen Umfang, d.h. einem relativ langen Belastungszeitraum. Mit dieser Trainingsmethode wird in erster Linie der aerobe Kohlenhydrat- und mit zunehmender Dauer vor allem der Fettstoffwechsel zur Energiebereitstellung herangezogen. Des Weiteren erhält man dadurch eine Ökonomisierung der Herz-Kreislauf-Arbeit, eine verbesserte periphere Durchblutung und dementsprechend die Entwicklung einer guten Grundlagenausdauer. Weitere positive Auswirkungen auf die Gesundheit, wie die Senkung des Blutdrucks und des Ruhepuls, werden bei dieser Trainingsmethode optimal umgesetzt. (Reiß und Eifler, 2014, Studienbrief der Deutschen Hochschule für Prävention und Gesundheitsmanagement – Trainingslehre 2 – Gesundheitsorientiertes Ausdauertraining, S. 156-168).

4.3.3 Begründung zur Belastungsprogression

Nach dem Prinzip der progressiven Belastungssteigerung – Häufigkeit vor Umfang vor Intensität – wurde nach drei Wochen von zwei Trainingseinheiten pro Woche auf drei Trainingseinheiten erhöht.

Die minimale Trainingshäufigkeit liegt bei 1-2 Trainingseinheiten pro Woche und sollte langsam auf 2-3, besser noch 3-4 Trainingseinheiten pro Woche gesteigert werden. Des Weiteren wurde immer erst die Belastungsdauer erhöht: Beispiel (siehe Tab. 16) Montag, extensive Dauermethode erhöht von 30 min auf 35min und (siehe Tab. 17) Montag, extensive Dauermethode erhöht von 35 min auf 40 min. Eine Erhöhung der Belastungsdauer (in min) von etwa 10% (maximal 15%) ist hier als Richtwert herangezogen worden. Die Belastungsintensität wurde in den ersten sechs Wochen noch nicht gesteigert, da die Probantin erst in der Lage sein sollte 45-60 Minuten nach der extensiven Dauermethode zu absolvieren. (Reiß und Eifler, 2014, Studienbrief der Deutschen Hochschule für Prävention und Gesundheitsmanagement – Trainingslehre 2 – Gesundheitsorientiertes Ausdauertraining, S. 186-190).

4.3.4 Begründung zu den angesteuerten Trainingsbereichen

Für eine effektive Entwicklung der Ausdauerleistungsfähigkeit hat es sich in der Fitness- und Gesundheitsbranche durchgesetzt, das Ausdauertraining in verschiedene Anforderungsbereiche einzuteilen. Das wesentliche Kriterium, das zur Einteilung herangezogen wurde, ist dabei die Belastungsintensität (Zintl & Eisenhut, 2001, S. 111).

1. Regenerations- und Kompensationsbereich (REKOM)
2. Grundlagenausdauerbereich 1 (GA1)
3. Grundlagenausdauerbereich 2 (GA2)
4. Wettkampfspezifische Ausdauer (WSA)

Die Probandin wird im vorgelegten 6-wöchigen Trainingsplan nur nach den ersten beiden Anforderungsbereichen REKOM und GA1 trainieren. Die Festlegung der passenden Trainingsbereiche gründet überwiegend auf der Leistungsfähigkeit der Person, der Zielsetzung und des Gesamttrainingsumfangs. Im Vergleich zum Krafttraining ist beim Ausdauertraining allerdings nicht eine einzige Trainingsmethode Bestandteil eines Mesozyklus, sondern es kommen je nach Schwerpunktsetzung unterschiedliche Methoden in verschiedener Gewichtung zum Einsatz. Da Frau P. eher eine unterdurchschnittliche Leistungsfähigkeit vorweist, wurde der Hauptschwerpunkt auf den Aufbau einer Grundlagenausdauer gelegt. Dieser Bereich entspricht einer Belastungsintensität an der aeroben Schwelle mit Laktatwerten von ca. 2 mmol/l. Die Probandin startete mit 60% Hf_{max} und wurde über den Zeitraum von sechs Wochen nicht erhöht.

Um aktiv die Regeneration nach intensiven Trainingstagen zu steigern, wurden Regenerations- und Kompensationsbereiche eingegliedert.

Das Training findet ausschließlich in aerober Stoffwechsellage statt, d.h. es gibt keine nennenswerte Laktatproduktion. Die Trainingsintensität liegt dabei bei 50% Hf_{max} (Reiß und Eifler, 2014, Studienbrief der Deutschen Hochschule für Prävention und Gesundheitsmanagement – Trainingslehre 2 – Gesundheitsorientiertes Ausdauertraining, S. 192-193).

4.3.5 Begründung der ausgewählten Ausdauergeräte bzw. Bewegungsform

Da Frau P. noch keinerlei Erfahrung mit Ausdauergeräten hat absolviert sie ihre Trainingseinheiten auf dem Fahrrad und auf dem Crosstrainer. Da ihre Zielsetzung eine Körperfettreduktion und die Verbesserung der Leistungsfähigkeit des Herz-Kreislauf-Systems beinhalten, sollte bei der Geräteauswahl besonders der bei der Bewegung eingesetzte Anteil an Muskelmasse berücksichtigt werden. Ausdauergeräte, bei denen sehr viele Muskelgruppen an der Bewegungsform beteiligt sind, führen zu einem wesentlich höheren Gesamtenergieumsatz pro Zeiteinheit bzw. cardiopulmonalen Trainingseffekt, wie auf dem Laufband oder dem Ruderergometer. Berücksichtigt man an dieser Stelle jedoch ihre individuelle Leistungsvoraussetzung, wäre die Probandin mit diesen beiden Ausdauergeräten im ersten Mesozyklus deutlich überfordert. An dieser Stelle ist es sinnvoller mit dem Fahrrad anzufangen, da dieses Ausdauergerät eine geringere koordinative Anforderung voraussetzt, als das Rudergerät und das Laufband. Ab der dritten Woche wird zusätzlich der Crosstrainer eingebaut, der im Gegensatz zum Fahrrad eine Ganzkörperbelastung, bei aktivem Armeinsatz, darstellt und trotzdem einen einfachen und oft angenehm empfundenen Bewegungsablauf aufweist. (Reiß und Eifler, 2014, Studienbrief der Deutschen Hochschule für Prävention und Gesundheitsmanagement – Trainingslehre 2 – Gesundheitsorientiertes Ausdauertraining, S. 106-117).

5 Literaturrecherche zum Thema – Effekte des Ausdauertrainings bei Übergewicht/Adipositas

5.1 Literaturrecherche 1

Im Folgenden handelt es sich um eine Studie Namens „Auswirkungen unterschiedlicher Trainingsformen – Kraft vs. Ausdauer – auf die Körperzusammensetzung und die körperlich – kardiozirkulatorische Leistungsfähigkeit übergewichtiger Frauen".

Wer hat die Studie durchgeführt?

Die Studie wurde von Christian Schulz durchgeführt. Unterstützung hatte er von Univ. Prof. Dr. med. Paul E. Nowacki.

In welchem Jahr wurde die Studie publiziert?

Die Studie wurde am 06.06.2007 veröffentlicht. Der Tag der Disputation war am 22.05.2007.

Mit welchen Versuchspersonen wurde die Studie durchgeführt?

Insgesamt haben 65 Probandinnen an der Studie teilgenommen. Am Ende konnte die Untersuchung allerdings nur noch mit 61 Teilnehmern beendet werden, da vier krankheitsbedingt ausschieden.

Der Altersdurchschnitt betrug $42 \pm 10{,}2$ Jahre. Die jüngste Teilnehmerin war 23 Jahre und die älteste 60 Jahre.

Die durchschnittliche Körpergröße für die Gesamtgruppe betrug 165 ± 5 cm.

Das mittlere Körpergewicht lag bei 90 ± 18 kg und reichte von minimal 58 kg bis maximal 137 kg. Dabei lag das durchschnittliche Körpergewicht der Ausdauergruppe bei 91 ± 19 kg und das der Krafttrainierenden bei 89 ± 17 kg.

Der BMI, war mit $32{,}6 \pm 5{,}9$ kg/m^2 entsprechend hoch. Die Teilnehmerinnen hatten einen BMI im Bereich von 22,6 bis 55,5 kg/m^2.

Wie sah der Versuchsaufbau der Studie aus?

Mitte Februar 2000 wurden die Teilnehmerinnen auf Kurse zu vier verschiedenen Zeiten aufgeteilt. Die Zuteilung zur Kraft- oder Ausdauergruppe erfolgte dabei rein zufällig und in Anlehnung an die Diätgruppen.

- 31 Probandinnen (Ausdauergruppe)
- 30 Probandinnen (Krafttrainingsgruppe)

Die Probandinnen wurden außerdem neben dem Training zweimal wöchentlich ernährungstherapeutisch von einer geschulten Ernährungsberaterin betreut. Insgesamt trainierten sie sechs Wochen lang (bis Anfang April 2000).

Die Ermittlung der Körperzusammensetzung erfolgte durch die Nah-Infrarotlicht-Methode (NIR) mit dem Analyse-Gerät der Marke „Futrex® 5000/WL". Die NIR differenziert die Körperzusammensetzung in Magermasse und Fettmasse.

Die Trainingsgestaltung der Kraftgruppe:

- Allgemeine Stärkung der großen Muskelpartien
- Aufwärmphase von maximal 10 Minuten auf einem Fahrradergometer
- Übungen wurden in den ersten beiden Wochen jeweils zwei, danach mit drei Sätzen à 20 Wiederholungen durchgeführt
- Die Intensität betrug maximal 60%
- Durchführung an acht verschiedenen Geräten

Die Trainingsgestaltung der Ausdauergruppe:

- Belastungsdauer: 30 Minuten
- Belastungsdauersteigerung: auf 60 Minuten
- Im Grundlagenausdauerbereich dauermethodisch
- Trainingspuls: 65-70% maximalen Herzfrequenz

Es gab eine Kontrollgruppe, welche aus dem Gesamtkollektiv von 61 Probandinnen stammt. 13 Frauen (im Alter von 30 bis 50 Jahren gehörten 8 Probandinnen der Ausdauer- und 5 Teilnehmerinnen der Kraftgruppe an) wurden nach dem Zufallsprinzip ausgewählt und an der Professur für Sportmedizin der Justus-Liebig-Universität Gießen unter der Leitung von Professor Dr. med. Paul E. Nowacki auf pulmonales, körperliches und kardiozirkulatorisches Leistungsvermögen untersucht. Zu diesem Zeitpunkt hatten die Frauen bereits ein etwa 4- bis 6-wöchiges, gruppenspezifisches Training absolviert.

Welche relevanten Ergebnisse und Schlussfolgerungen lieferten die Studien?
Beide Trainingsgruppen konnten in dem Zeitraum von sechs Wochen ihr Körpergewicht und ihre Körperzusammensetzung effektiv positiv verbessern. Dabei reduzierten die Ausdauerprobandinnen mehr Körpergewicht als die Kraftgruppe, jedoch verloren die Ausdauertrainierenden einen erheblichen Anteil an Magermassesubstanz.

Bei allen untersuchten kardio-pulmonalen Parametern verbesserten sich die Ausdauer-trainierenden stärker. Die Unterschiede in Ruhepuls und Ruheblutdruck waren minimal. Ebenso wurde sichtbar, dass Trainingserfolg von der Trainingshäufigkeit abhängig ist. Abschließend ist zu sagen, dass ein Ausdauertraining (und Krafttraining) zur Verbesserung der Leistungsfähigkeit, der Gewichtabnahme der Fettmasse und sogar zum Aufbau der Magermasse bei adipösen Frauen führen kann.

5.1 Literaturrecherche 2

Im Folgenden handelt es sich um eine Studie Namens „Effekte beim Grundumsatz nach einer Körpergewichtsreduktion durch extensives Ausdauertraining bei schwergewichtigen Frauen und Männern".

Wer hat die Studie durchgeführt?

Die Studie wurde von Vassilis Anagnostou und Bettina Schaar vom Institut für Bewegungstherapie und bewegungsorientierte Prävention und Rehabilitation an der Deutschen Sporthochschule in Köln durchgeführt.

In welchem Jahr wurde die Studie publiziert?

Die Studie wurde im Jahr 2010 durchgeführt.

Mit welchen Versuchspersonen wurde die Studie durchgeführt?

Insgesamt 30 schwergewichtige Erwachsene (16 Frauen, 14 Männer) mittleren Alters nahmen an dieser Studie teil. Die Auswahl der Teilnehmer und Teilnehmerinnen erfolgte aufgrund zuvor festgelegter Voraussetzungen. Folgende Einschlusskriterien waren für die Teilnahme dieser Studie relevant:

- Alter zwischen 18 und 45 Jahre
- BMI $\geq$ 40,0 kg/m^2
- Keine akute oder vorangegangene koronare Herzkrankheit
- Keinen unkontrollierten Bluthochdruck
- Keine orthopädischen Erkrankungen
- Keine Einnahme von Psychopharmaka oder Antihypertensiva

Tab. 20 Anthropometrische Daten der Untersuchungspersonen

	Frauen (n=16)	Männer (n=14)	Gesamt (n=30)
Alter (Jahre)	$43,04 \pm 9,87$	$40,82 \pm 13,00$	$42,00 \pm 11,28$
BMI (kg/m^2)	$44,12 \pm 5,32$	$43,31 \pm 2,30$	$43,75 \pm 4,15$
Gewicht (kg)	$127,06 \pm 22,22$	$141,56 \pm 8,59$	$133,82 \pm 18,51$
Größe (cm)	$169,31 \pm 8,42$	$180,86 \pm 6,39$	$174,70 \pm 9,45$

Wie sah der Versuchsaufbau der Studie aus?

Die Probanden nahmen an einem 26-wöchigen Ausdauertraining teil. Alle Untersuchungen wurden vor und nach diesem Zeitraum in Form eines Pre-/Posttest-Formats (T1+T2) standardisiert erhoben. Die Bestimmung des Grundumsatzes in Ruhe erfolgte mittels indirekter Kalorimetrie in liegender Position nach einer 12-Stunden-Nüchternheit. Mit dem portablen Spirometriegerät „Oxycon Mobile" (Firma: JAEGER „breath-by-breath") konnte die körperliche Leistungsfähigkeit unter standardisierten Bedingungen ermittelt werden, dazu erfolgte ein stufenförmiger Belastungstest (angelehnt an das WHO-Belastungsschema) mittels Fahrradspiroergometrie (Typ: Ergoline 900EL; ZAN 600 ErgoTest). Die Messung der Körpergewebezusammensetzung erfolgte durch die Bioelektrische Impedanzanalyse (BIA: Maltron Bioscan 916VS3).

Das Bewegungsprogramm umfasst insgesamt 16 Einheiten innerhalb der 26 Interventionswochen mit einer Dauer von 45-60 Minuten. Die Basis des Programms bildete ein individuell dosiertes submaximales extensives Ausdauertraining mit dem Schwerpunkt aerober Belastungsformen wie Nordic Walking, Schwimmen, Aquajogging und Radfahren sowie funktionsgymnastische Übungen zur Stabilisation und Dehnung. Der wöchentliche Trainingsumfang lag bei insgesamt drei Trainingseinheiten pro Woche, sodass alle Teilnehmer und Teilnehmerinnen neben den 16 „Face-to-Face" Einheiten selbstständig trainierten. In den ersten vier Wochen der „Intensivphase" erfolgte das betreute Training durch einen Personal Trainer oder der Trainerin zweimal pro Woche und in der 6. und 7. Woche wurde lediglich einmal wöchentlich mit dem Trainer zusammen trainiert. Die „Etablierungsphase" begann in der 7. Woche und dauerte insgesamt 20 Wochen, in dieser Phase fand ein betreutes Training nur noch alle drei Wochen statt. Die Trainingssteuerung und –kontrolle erfolgte über Herzfrequenzmesser (Polar RS400) und die Trainingsintensität lag zwischen 65-75% der maximalen Sauerstoffaufnahme (VO_{2max}). Nach jeder Trainingseinheit wurden dem Trainer oder der Trainerin die Trainingsherzfrequenzen elektronisch übermittelt.

Neben einer Verbesserung der kardiopulmonalen Leistungsfähigkeit und einer Reduktion des Körpergewichts, stand als weiteres Ziel das selbstständige Trainieren im Vordergrund. Als weiterer Baustein wurde ein strukturiertes Ernährungstraining mit sieben Einheiten, angeleitet durch einen Ernährungswissenschaftler, angeboten.

Welche relevanten Ergebnisse und Schlussfolgerungen lieferten die Studien?

Nach der 26-wöchigen Trainingsphase zeigten Frauen und Männer signifikante Reduktionen des Körpergewichts und des BMI. Während Frauen ihren BMI von 44,12 ± 5,32 auf 41,11 ± 6,30 kg/m² und ihr Körpergewicht von 127,06 ± 22,22 auf 118,47 ± 24,12 kg reduzierten, wurde bei Männern Veränderungen des BMI von 43,31 ± 2,30 auf 40,67 ± 2,62 kg/m² und des Körpergewichts von 141,56 ± 8,59 auf 132,86 ±8,07 kg beobachtet. Bei Männern wurde ein signifikantes Absinken des Grundumsatzes von 2646,08 ± 365,54 auf 2362,67 ± 269,84 kcal/Tag festgestellt. Der Grundumsatz der Frauen konnte über die Trainingsphase aufrecht gehalten werden. Tabelle 21 veranschaulicht die Ergebnisse der Kaloriemetrie nach Beendigung des Ausdauertrainings. Weitere Veränderungen zeigten sich bei den Männern on der Sauerstoffaufnahme in Ruhe nach dem Treatment. Der respiratorische Quotient (RQ) der Frauen und Männer zeigte keine Veränderung im Posttest.

Tab. 21: Ergebnisse der indirekten Kalorimetrie

N = 30 n₁ = 16 Frauen n₂ = 14 Männer		PRE $\bar{x} \pm SD$	POST $\bar{x} \pm SD$	*t*-Test (abhängig) *P*	*t*-Test (unabhängig) *P* PRE	POST
Grundumsatz [kcal/Tag]	n₁	1799.51 ± 480.93	1731.86 ± 528.69	.903	.000*	.000*
	n₂	2646.08 ± 365.54	2362.67 ± 269.84	.009*		
	N	2194.58 ± 603.37	2026.24 ± 528.84	.025*		
VO₂ [ml/min]	n₁	282.91 ± 114.18	261.16 ± 59.17	.439	.006*	.000*
	n₂	381.14 ± 52.42	339.25 ± 40.38	.007*		
	N	328.75 ± 102.27	297.60 ± 64.12	.056		
RQ	n₁	.81 ± .04	.82 ± .04	.845	.859	.486
	n₂	.82 ± .24	.83 ± .06	.318		
	N	.82 ± .03	.82 ± .05	.462		

Sowohl Frauen als auch Männer konnten durch das Ausdauertraining eine hoch signifikante Reduktion der Körperfettmasse erreichen. Während Frauen ihre Körperfettmasse bis zu 10,58 ± 13,79% reduzierten, führte das Training bei Männern zu einer Reduktion von bis zu 16,35 ± 8,42%. Die fettfreie Körpermasse (FFM) zeigte in beiden Gruppen keine signifikante Veränderung (w: 64,57 auf 63,15 kg; m: 77,26 auf 77,59 kg).

Die männlichen Probanden konnten zudem ihre absolute Muskelmasse im Gegensatz zu Frauen trotz signifikantem Verlust des Körpergewichts aufrechterhalten. Es konnte in der weiblichen Stichprobe eine Reduktion der absoluten Muskelmasse von 30,03 ± 4,90 auf 28,36 ± 4,59 kg im Posttest festgestellt werden. Des Weiteren konnte lediglich bei Frauen eine Steigerung der maximalen Sauerstoffaufnahme festgestellt werden, wohingegen bei Männern keine Erhöhung nachgewiesen werden konnte. In dieser Studie zeigten insbesondere männliche Teilnehmer eine erhöhte Ergometerleistung in der Abschlussdiagnostik. Die Physical Work Capacity (PWC) bei Herzfrequenz 120 und 130 S/Min verbesserte sich in beiden Gruppen. Verglichen zum Pretest konnten die Teilnehmer/innen im Posttest höhere Wattleistungen in den Herzfrequenzbereichen 120 und 130 S/Min erfüllen, Des Weiteren erreichten Männer eine wesentlich längere Belastungszeit von durchschnittlich +2,88 ± 4 Minuten auf dem Fahrradergometer. Die Zusammenhangsüberprüfung der Gesamtstichprobe ergab eine negative Korrelation zwischen ΔGU und Δ absolute Muskelmasse. Das Resultat bestätigt die Ergebnisse der Literatur, dass umso höher die Abnahme der absoluten Muskelmasse nach der Körpergewichtsreduktion ist, desto größer ist das Absinken des GU während der Trainingsphase bei Frauen und Männern. Ein weiterer negativer Zusammenhang, dass je höher die Reduktion des Körpergewichts durch das Ausdauertraining erzielt wurde, desto niedriger war die Δ Wattleistung und die ΔPWC120. Geschlechtsspezifisch betrachtet ergab sich eine Korrelation zwischen ΔGU und Δ BMI bei Männern. Ferner konnte ein positiver Zusammenhang zwischen den Ausgangswerten Körperfettmasse (T1) und GU (T1) in der weiblichen Stichprobe festgestellt werden. Des Weiteren beobachteten wir, dass Teilnehmerinnen, die zu Beginn des Trainings eine erhöhte Körperfettmasse (T1) besaßen, gleichzeitig eine geringere maximale Sauerstoffaufnahme im Posttest erreichten.

6   Literaturverzeichnis

- Israel S., Fikenzer S. (2013). Studienbrief der Deutschen Hochschule für Prävention und Gesundheitsmanagement – Medizinische Grundlagen. Saarbrücken.
- Luppa, D. (2014). Studienbrief der Deutschen Hochschule und Prävention für Gesundheitsmanagement – Ernährung 1. Saarbrücken.
- Reiß M., Eifler C. (2014). Studienbrief der Deutschen Hochschule für Prävention und Gesundheitsmanagement – Trainingslehre 2 – Gesundheitsorientiertes Ausdauertraining. Saarbrücken.
- Zintl, F. & Eisenhut, A. (2001). Ausdauertraining. Grundlagen Methoden Trainingssteuerung (5. überarb. Aufl.). München: BLV.
- Anagnostou, V., Schaar, B. (2010). Effekte beim Grundumsatz nach einer Körpergewichtsreduktion durch extensives Ausdauertraining bei schwergewichtigen Frauen und Männern. In: Gesundheit in Bewegung: Impulse aus Geschlechterperspektive, Bd. 32.Sankt Augustin: Academia (Brennpunkt der Sportwissenschaft, 32), S. 163-196.
- Schulz, C. (2006). Auswirkungen unterschiedlicher Trainingsformen – Kraft vs. Ausdauer – auf die Körperzusammensetzung und die körperlich - kardiozirkulatorische Leistungsfähigkeit übergewichtiger Frauen. Inauguraldissertation zur Erlangung des Grades eines Doktors der Medizin des Fachbereichs Humanmedizin der Justus-Liebig-Universität Gießen (http://geb.uni-giessen.de/geb/volltexte/2007/4702/pdf/SchulzChristian-2007-05-22.pdf) →letzter Zugriff am 21.12.2014

7 Tabellenverzeichnis

- **Tab. 20:** Anthropometrische Daten der Untersuchungspersonen (Anagnostou und Schaar, 2010; Institut für Bewegungstherapie und bewegungsorientierte Prävention und Rehabilitation).
- **Tab. 21:** Ergebnisse der indirekten Kalorimetrie (Anagnostou und Schaar, 2010; Institut für Bewegungstherapie und bewegungsorientierte Prävention und Rehabilitation).